MAZES BOOK

FOR KIDS

120 PAGES   **60 MAZES**

By : SK Coloring Book

ISBN: 9798630372147

2020

Date : ....

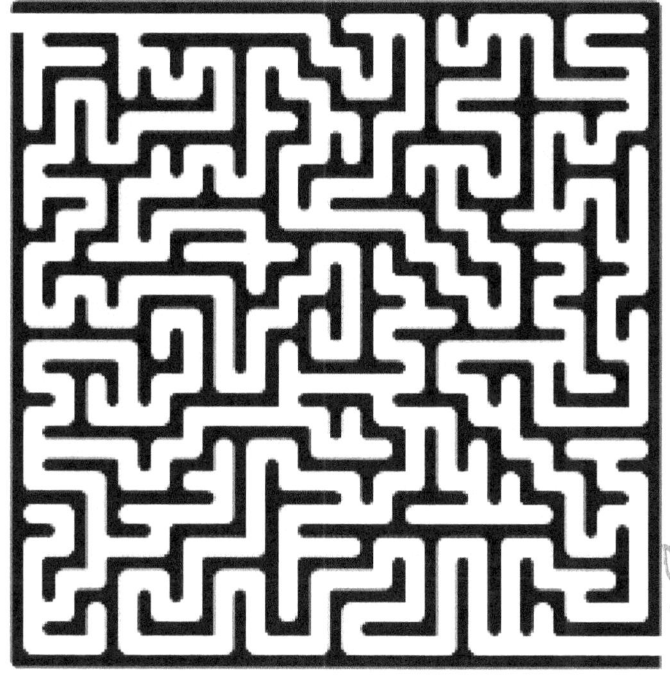

Date : ....

Date : ....

Date : ....

Date : ....

Date : ....

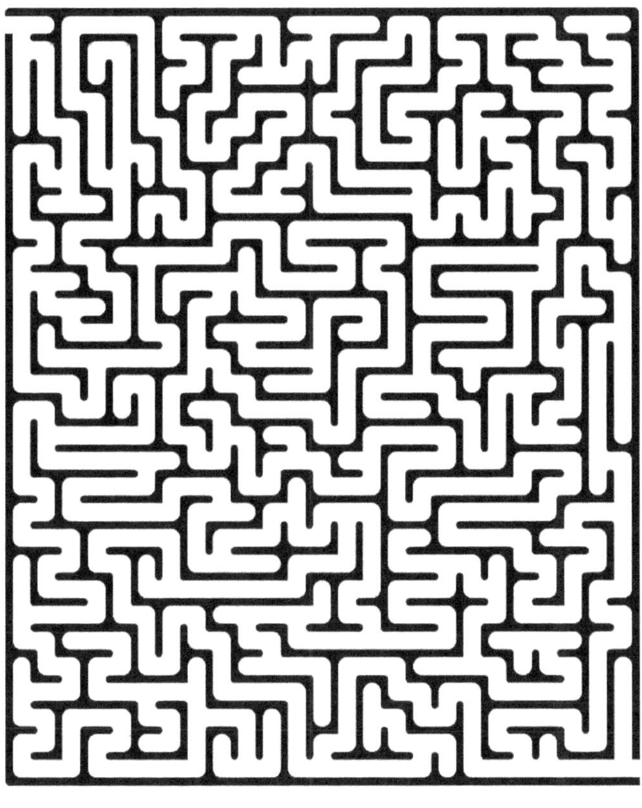

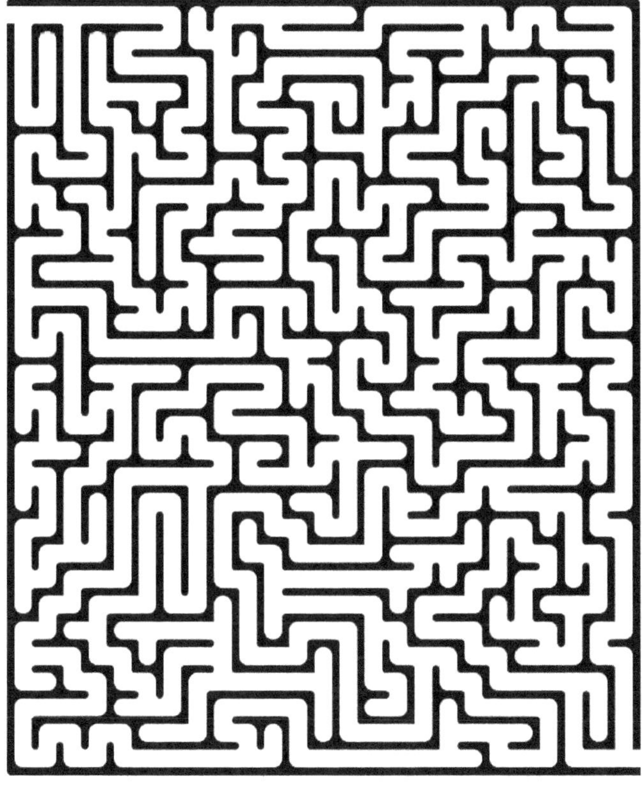

Date : ....

Date : ....

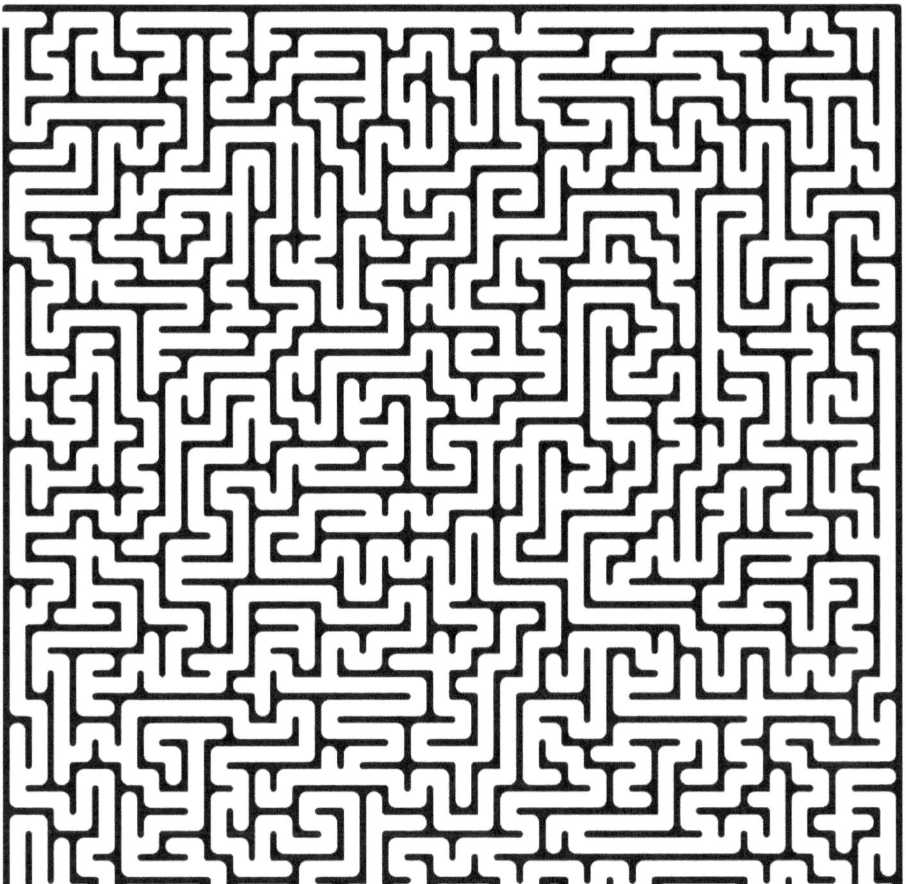

Date : ....

Date : ....

Date : ....

Date : ....

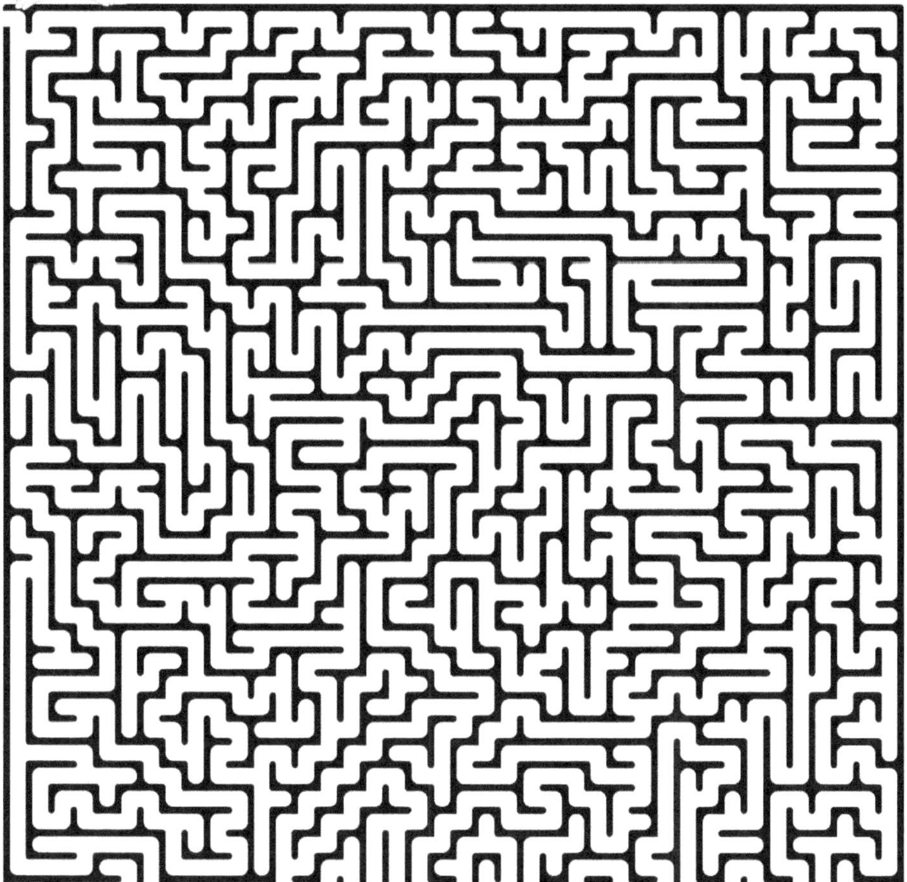

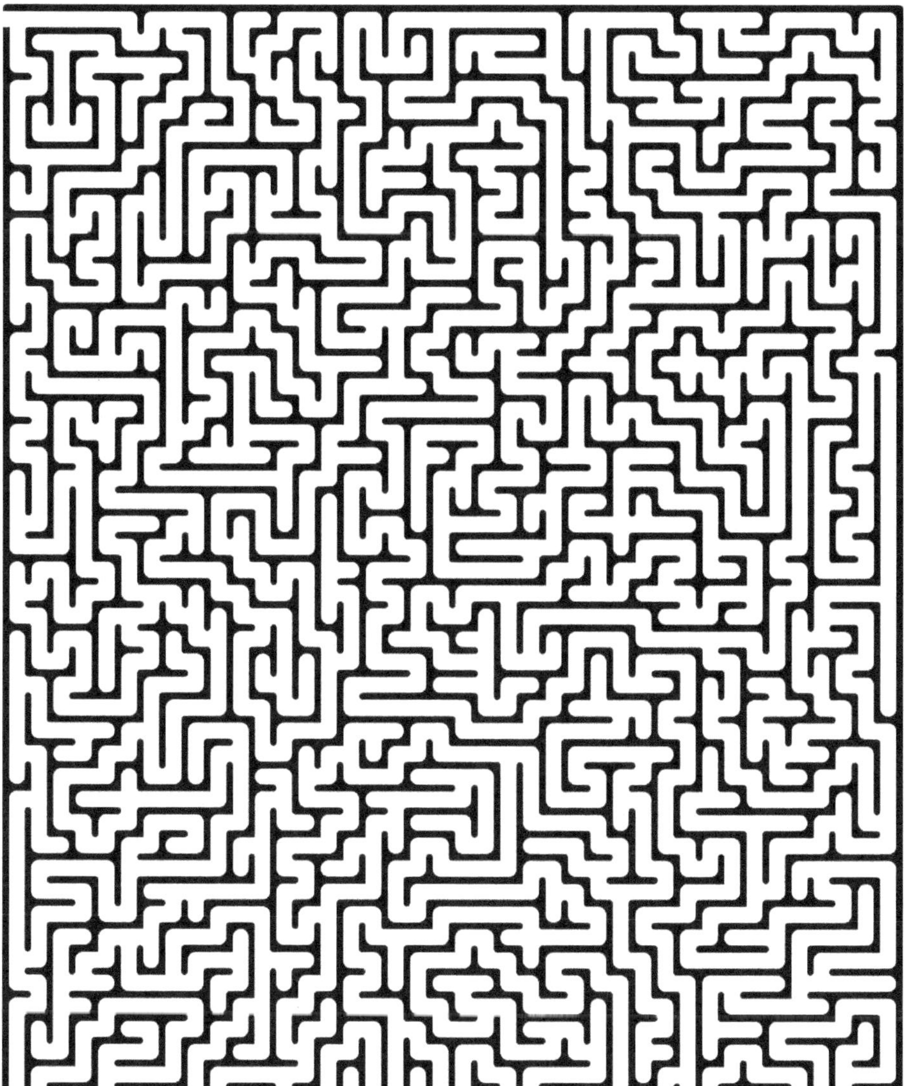

Date : ....

Date : ....

Date : ....

Date : ....

Date : ....

Date : ....

Date : ....

Date : ....

53

Date : ....

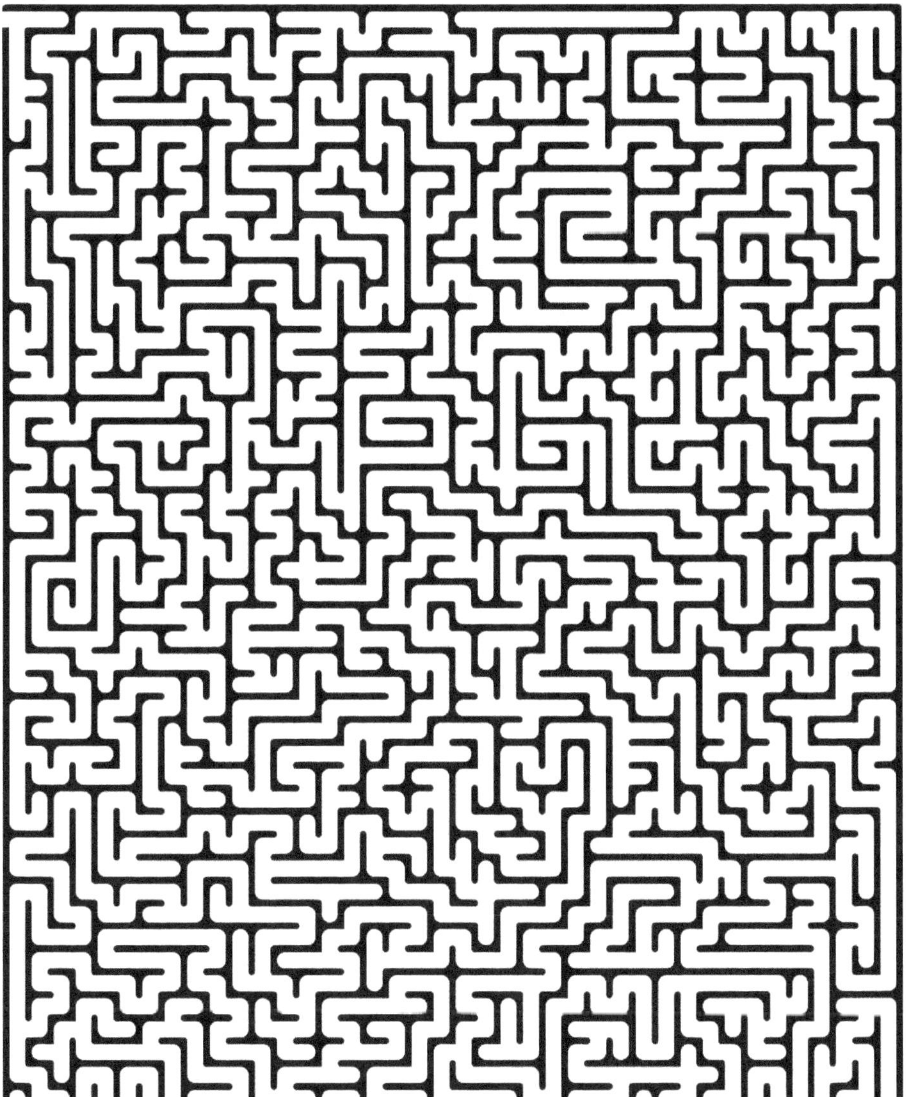

Date : ....

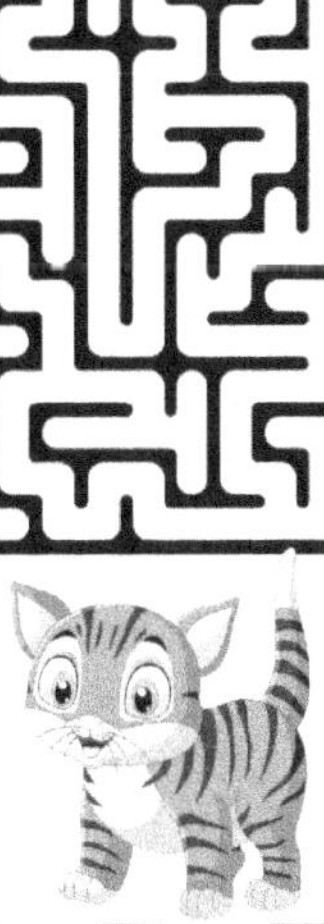

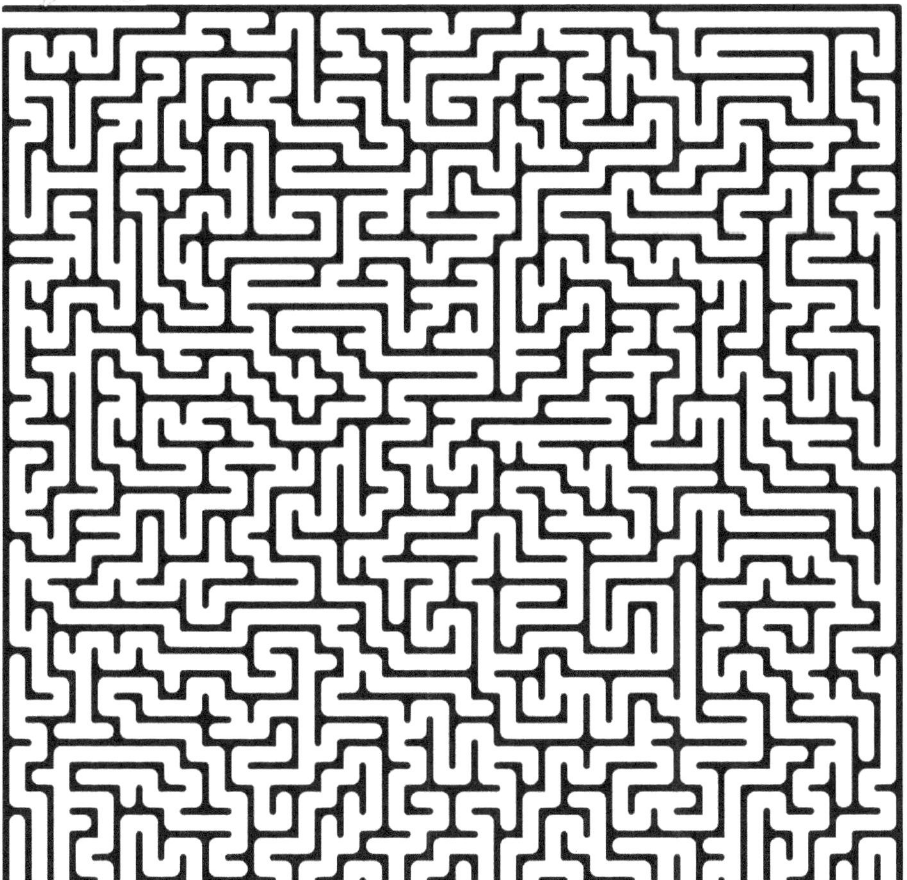

Date : ....